ÉDITION DU PARTI SOCIALISTE S. F. I. O.

J. FERRETTI

Ce Qu'est le Parti Socialiste

AVANT-PROPOS DE J. B. SÉVERAC

PARIS

LIBRAIRIE POPULAIRE
12, rue Feydeau (2ᵉ)

1928

Prix : 0 fr. 50

MARX (Karl) et ENGELS. — Manifeste du Parti Communiste 0 65
LAFARGUE (Paul). — Le droit à la paresse 0 90
    Les Trusts américains 2 05
    et JAURÈS (Jean). — Idéalisme et matéria-
    lisme 1 15
LUPAS. — Les Assurances sociales en France et le Parti
    Socialiste 0 45
      Les dix, 3 fr. ; le cent, 28 fr.
    Sur l'ordre de Moscou. Comment les Communis-
    tes ont brisé l'unité 0 45
      Les dix, 3 fr. ; le cent, 28 fr.
LUXEMBOURG (Rosa). — La Révolution russe 0 90
      Les dix, 8 fr. 75 ; le cent, 45 fr.
MISTRAL et PAUL-BONCOUR. — Le Désarmement gé-
    néral 1 25
      Les dix, 11 fr. ; le cent, 65 fr.
RENAUDEL (Pierre). — Pour un programme d'action. —
    Pour l'Unité Internationale 0 65
      Les 10, 6 fr. 75 ; le cent, 45 fr.
SIXTE-QUENIN. — La Défense Nationale et l'Unité so-
    cialiste 0 65

CHANSONS DIVERSES

L'Internationale. — Le Drapeau rouge. — Les Coqueli-
    cots. — L'Insurgé. — La Marche du 1er Mai. — La
    Complainte du Prolétaire, etc., l'exemplaire 0 15
      Les dix, 1 fr. 25 ; le cent, 10 francs.

MÉDAILLES-BRELOQUES

De Jaurès, vieil argent et doré .... 2 »
De Guesde, vieil argent et doré 1 50
Épingles de cravate de Guesde et Jaurès 1 50
      (Prix spécial en nombre).

DRAPEAUX ET INSIGNES à prix modérés
CARTES POSTALES

de Guesde, Jaurès, Vaillant, Sembat, Bebel, Karl Marx,
    Liebknecht, B. Malon, Inghels, Rosa Luxembourg,
    Léon Blum, Paul Faure .... l'une 0 15
      La série de douze, 1.50 ; les cinquante, 5.50 ;
      le cent, 9 francs ; le mille, 80 francs.
Carte postale Jaurès tissée sur soie artistique 2 10

PORTRAITS ARTISTIQUES

de Guesde et Jaurès 50×92 .... 2 80
    27×37 simili sur papier crème 1 50
de Matteotti, en couleur 50×34 .... 2 30
Portraits artistiques, 50×60 agrandissement photo (plus
    port) .... 200 »
Bustes bronze, haut. 0.32 : 100 francs. Haut. 0.64 ..... 500 »
      (Port et emballage en sus).

ÉGLANTINES

    Le cent, 10 fr. ; les cinq cents, 45 fr. ; le mille, 80 fr.

POUR LA PROPAGANDE

    Tracts pour adhésion, le mille, franco, 22 fr.
Affiches passe-partout, le cent, 1/4 col., 11 fr. 50 ; 1/2 col., 15 fr.

Imprimeries Réunies, 62, rue de Nemours, Rennes.

ÉDITION DU PARTI SOCIALISTE S. F. I. O.

J. FERRETTI

Ce Qu'est

le

Parti Socialiste

AVANT - PROPOS
DE
J. B. SÉVERAC

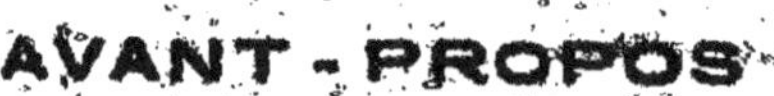

PARIS

LIBRAIRIE POPULAIRE
12, rue Feydeau (2ᵉ)

1928

Prix : 0 fr. 50

Ce qu'est le Parti Socialiste

AVANT-PROPOS

Notre camarade Ferretti, chargé d'administrer la Librairie du Parti, a rassemblé dans cette brochure les renseignements nécessaires à tout militant désireux de fonder une section du Parti et par conséquent de fournir à tous les citoyens susceptibles d'y donner leur adhésion l'essentiel de l'histoire et de la structure de notre organisation.

Le Parti Socialiste est l'expression politique de la classe ouvrière.

Qu'est-ce que cela signifie ?

Le Socialisme enseigne que le régime capitaliste actuel doit céder la place à un régime différent : le régime socialiste.

Actuellement, les moyens de production sont la propriété d'une classe : la classe capitaliste. Ils sont mis en œuvre par cette classe à son profit. La classe ouvrière, dont la force de travail est employée dans les manufactures, les usines, les magasins, les administrations, les bureaux, les offices du capital, ne reçoit, en échange de l'emploi quotidien de sa force de travail, que tout juste ce qui est nécessaire à sa propre reproduction.

Mais comme cette force de travail produit plus de richesse qu'elle n'en consomme, la différence — ou plus-value — constitue les bénéfices du capital.

On comprend que, dans ces conditions, le capitalisme soit très attaché au maintien d'un régime qui lui assure le bénéfice du travail des autres.

Or, le Socialisme est justement la doctrine qui enseigne que cette situation doit cesser, pour faire place à une organisation dans laquelle les moyens de production, au lieu d'être possédés par quelques-uns et, par conséquent, exploités à leur profit, seraient la propriété de tous. De sorte que les richesses nées de leur exploitation seraient équitablement réparties entre tous ceux qui auraient collaboré à leur production.

Depuis que les hommes réfléchissent aux conditions matérielles de leur vie, beaucoup ont pensé que l'on pourrait organiser une société humaine dans laquelle personne ne profiterait abusivement du travail des autres et où chacun recevrait sa part de bien-être équitablement fixée par sa participation à la production.

C'étaient là des rêves généreux qui ont sans doute contribué à faire naître dans le cœur des hommes injustement traités par l'organisation sociale des sentiments de révolte légitimes.

Tout en reprenant ces revendications du sentiment de la justice, le Socialisme moderne n'a pas cru pouvoir s'y borner.

Ce n'est pas seulement parce que l'organisation présente de la vie sociale entraîne de regrettables iniquités que le Socialisme annonce des temps meilleurs. C'est aussi parce qu'il tire de l'étude même des conditions de la vie sociale moderne la certitude que ces conditions ne sont pas éternelles et que la Société moderne enveloppe des contradictions qui ne peuvent être résolues que par l'instauration du régime socialiste.

Tandis, en effet, que la production des richesses dans les grandes usines, dans les manufactures, dans les grandes coalitions productrices, est devenue collective, de sorte que les richesses versées sur les marchés du Monde se trouvent être la cristallisation du travail de la grande majorité des hommes, les moyens de production et les profits résultant de la vente de ces produits sont restés le privilège de quelques-uns.

Il y a là une contradiction profonde d'où l'on ne peut sortir que par la destruction de ces privilèges.

L'élargissement croissant des marchés, l'accroissement incessant de la classe ouvrière, la diminution du nombre des entreprises résultant de la concurrence créent une situation chaque jour plus critique et qui se manifeste essentiellement par l'opposition du monde du travail constamment plus étendu, et du monde des profiteurs constamment plus réduit.

Voilà les termes qui s'opposent dans la Société présente et qu'il suffit de considérer un instant pour voir que leur opposition ne peut aboutir qu'à une sorte de submersion du capital par le travail ; ce qui signifie que l'opposition actuelle de la classe ouvrière qui travaille, et de la classe qui possède ne peut aboutir qu'à un état social dans lequel cette opposition n'existera plus et où tous les hommes collaborant au même degré à la production de toutes les richesses, participeront au même degré à leur consommation.

En même temps que ces idées, qui sont l'essence même du Socialisme, pénètrent les cerveaux et animent les cœurs, des organisations se sont tout naturellement créées pour traduire dans l'action les aspirations résultant de cette connaissance des choses et de ces perspectives d'avenir.

Parmi ces organisations, il en est deux qui attirent tout naturellement l'attention de l'observateur le moins attentif. Ce sont les Syndicats et le Parti Socialiste.

Dans les syndicats, la classe ouvrière se propose de lutter chaque jour pour obtenir du Capital qui résiste des conditions meilleures de vie. Dans le Syndicat encore, la classe ouvrière prend conscience de la communauté de ses intérêts et tire de l'expérience même de la production à l'atelier, à l'usine, au bureau, le sentiment profond qu'il n'y a pas de forces productrices qu'elle-même.

Dans le Parti Socialiste, cette même classe ouvrière se groupe pour préparer, par une action permanente, les conditions politiques de son émancipation, en même temps qu'elle cherche à trouver les formules législatives qui lui permettront, dans la Société présente, de mener l'existence la plus propice à la préparation de son émancipation totale.

Ainsi le Parti Socialiste se présente avec deux faces qui ne sont certes pas contradictoires mais au contraire se complètent l'une l'autre.

D'une part, le Parti Socialiste s'efforcera, par une action quotidienne de réformes sociales et de mesures politiques, d'assurer à la classe ouvrière des conditions de vie meilleures et une situation matérielle et morale qui soit de nature à rendre plus vigoureux et plus efficace son élan vers la transformation totale — c'est-à-dire révolutionnaire — du régime actuel.

D'autre part, le Parti Socialiste, par sa critique permanente des conditions mêmes du régime capitaliste, travaillera à en démontrer les contradictions internes et à en montrer la caducité.

Ce n'est pas du premier coup et sans tâtonnements que le Parti Socialiste a réalisé sa structure intérieure, formulé les règles de son action et dessiné les grandes lignes de sa propre figure. Personne même n'oserait dire que la structure, les règles d'action, les statuts actuels du Parti Socialiste sont l'expression dernière de son activité.

Il est probable que d'ici que soit rendu possible le renversement des valeurs sociales actuelles, l'instauration d'un régime nouveau, le Parti Socialiste se modifiera dans sa structure et changera quelque chose à ses règles d'action. Mais nous vivons dans le présent et c'est dans les cadres actuels du Parti Socialiste que le monde du travail doit entrer.

Aussi trouvera-t-on dans cette brochure ce qu'un militant de cette époque doit savoir lorsqu'il veut constituer un groupe du Parti Socialiste et fournir à ceux qu'il appelle à lui l'essentiel de ce qu'il faut savoir sur notre Parti. Une histoire sommaire du Parti lui-même, les textes capitaux où se trouvent exprimés ses principes essentiels, les articles fondamentaux de ses statuts, tel est le contenu de cette brochure qui se trouvera par là même être une sorte de vade-mecum du militant socialiste.

J.-B. Séverac.

RÉSOLUTION

du

CONGRÈS SOCIALISTE INTERNATIONAL

tenu à Amsterdam au mois d'Août 1904

Le Congrès repousse (ou répudie), de la façon la plus énergique, les tentatives révisionnistes tendant à changer notre tactique éprouvée et glorieuse basée sur la lutte de classe, et à remplacer la conquête du pouvoir politique de haute lutte contre la bourgeoisie par une politique de concessions à l'ordre établi.

La conséquence d'une pareille tactique révisionniste serait de faire, d'un parti qui poursuit la transformation la plus rapide possible de la société bourgeoise en société socialiste — d'un parti, par suite, révolutionnaire, dans le meilleur sens du mot — un parti se contentant de réformer la société bourgeoise.

C'est pourquoi le Congrès, persuadé, contrairement aux tendances révisionnistes existantes, que les antagonismes de classes, loin de diminuer, vont s'accentuant, déclare :

1° Que le Parti décline toute responsabilité, quelle qu'elle soit, dans les conditions politiques et économiques basées sur la production capitaliste, et ne saurait, par suite, approuver aucun des moyens de nature à maintenir au pouvoir la classe dominante ;

2° Que la démocratie socialiste ne saurait rechercher aucune participation au gouvernement dans la société bourgeoise, et ce conformément à l'ordre du jour Kautsky voté au Congrès international de Paris, en 1900.

Le Congrès repousse, en outre, toute tentative faite pour masquer les antagonismes de classes toujours croissants, à l'effet de faciliter un rapprochement avec les partis bourgeois.

Le Congrès compte que les représentants du Parti dans les Parlements se serviront de leur puissance accrue, tant par leur nombre augmenté que par l'accroissement considérable de la masse d'électeurs qui les suivent, pour persévérer dans leur propagande sur le but final du socialisme et, conformément à notre programme, pour défendre de la façon la plus résolue les intérêts de la classe ouvrière, l'extension et la consolidation des libertés politiques ; pour revendiquer l'égalité des droits pour tous ; pour continuer, avec plus d'énergie que jamais, la lutte contre le militarisme, contre la politique coloniale et impérialiste, contre toute espèce d'injustice, d'asservissement et d'exploitation, et, finalement, s'employer énergiquement à perfectionner la législation sociale et à rendre possible à la classe ouvrière l'accomplissement de sa mission politique et civilisatrice.

DÉCLARATION COMMUNE

des

ORGANISATIONS SOCIALISTES

adoptée le 13 Janvier 1905

Les délégations des organisations socialistes françaises : Parti ouvrier socialiste révolutionnaire. Parti socialiste de France, Parti socialiste français, Fédérations autonomes des Bouches-du-Rhône, de Bretagne, de l'Hérault, de la Somme et de l'Yonne, mandatés par leurs Partis respectifs et leurs Fédérations pour réaliser l'unité sur les bases indiquées par le Congrès international d'Amsterdam, déclarent que l'action du Parti unifié doit être dirigée par les principes qu'ont établis les Congrès internationaux, en particulier les plus récents, ceux de France en 1900 et d'Amsterdam en 1904.

Ils constatent que les divergences de vues et les interprétations de tactiques différentes qui ont pu se produire jusqu'à présent sont dues surtout à des circonstances particulières à la France, et à l'absence d'une organisation générale.

Ils affirment leur commun désir de fonder un parti de lutte de classe qui, même lorsqu'il utilise au profit des travailleurs les conflits secondaires des possédants ou se trouve combiner accidentellement son action avec celle d'un parti politique pour la défense des droits et des intérêts du prolétariat, reste toujours un Parti d'opposition fondamentale et irréductible, à l'ensemble de la classe bourgeoise, et à l'Etat, qui en est l'instrument.

En conséquence, les délégués déclarent que leurs organisations sont prêtes à collaborer immédiatement à cette œuvre d'unification des forces socialistes sur les bases suivantes, fixées et acceptées d'un commun accord :

1° Le Parti socialiste est un parti de classe qui a pour but de socialiser les moyens de production et d'échange, c'est-à-dire de transformer la société capitaliste en une société collectiviste ou communiste, et pour moyen l'organisation économique et politique du prolétariat. Par son but, par son idéal, par les moyens qu'il emploie, le Parti socialiste, tout en poursuivant la réalisation des réformes immédiates revendiquées par la classe ouvrière, n'est pas un parti de réforme, mais un parti de lutte de classe et de révolution ;

2° Les élus du Parti au Parlement forment un groupe unique, en face de toutes les fractions politiques bourgeoises. Le Groupe socialiste au Parlement doit refuser au gouvernement tous les moyens qui assurent la domination de la bourgeoisie et son maintien au pouvoir ; refuser en conséquence les crédits militaires, les crédits de conquête coloniale, les fonds secrets et l'ensemble du budget ;

Même en cas de circonstances exceptionnelles, les élus ne peuvent engager le Parti sans son assentiment : Au Parlement, le Groupe socialiste doit se consacrer à la défense et à l'extension des libertés politiques et des droits des travailleurs, à la poursuite et à la réalisation des réformes qui améliorent les conditions de vie et de lutte de la classe ouvrière ;

Les députés, comme tous les élus doivent se tenir à la disposition du Parti pour son action dans le pays, sa propagande générale sur l'organisation du prolétariat et le but final du socialisme ;

3° L'élu relève individuellement, comme chaque militant, du contrôle de sa Fédération ;

L'ensemble des élus, en tant que Groupe, relève du contrôle de l'organisme central. Dans tous les cas, le Congrès juge souverainement ;

4° La liberté de discussion est entière dans la presse pour les questions de doctrine et de méthode, mais

pour l'action tous les journaux socialistes doivent se
conformer strictement aux décisions du Congrès interprétées par l'organisme central du Parti ;

Les journaux qui sont ou seront la propriété du
Parti, soit dans son ensemble, soit ses Fédérations,
sont ou seront naturellement placés sous le contrôle
et l'inspiration de l'organisme permanent établi res-
pectivement par le Parti ou les Fédérations ;

Les journaux qui, sans être la propriété du Parti,
se réclament du socialisme, devront se conformer
strictement, pour l'action, aux décisions du Congrès,
interprétées par l'organisme fédéral ou central du
Parti, dont ils devront insérer les communications
officielles ;

L'organisme central pourra rappeler ces journaux
à l'observation de la politique du Parti et, s'il y a lieu,
proposer au Congrès de déclarer rompus tous rapports entre eux et le Parti ;

5° Les élus parlementaires ne pourront individuellement être délégués à l'organisme central, mais ils
y seront représentés par une délégation collective
égale au dixième des délégués et qui ne sera pas,
en tout cas, inférieure à cinq ;

S'il y a une Commission exécutive, ils ne pourront
en faire partie ;

Les Fédérations ne pourront déléguer comme titu-
laires à l'organisme central que les militants résidant
dans les limites de la Fédération ;

6° Le Parti prendra des mesures pour assurer, de
la part de ses élus, le respect du mandat impératif ;
il fixe leur cotisation obligatoire ;

7° Un Congrès, chargé de l'organisation définitive
du Parti, sera convoqué dans le plus bref délai sur
la base d'une représentation proportionnelle aux forces socialistes constatées lors du Congrès d'Amsterdam et calculée, d'une part, sur le nombre des cotisants et, d'autre part, sur le chiffre des voix obtenues
au premier tour de scrutin, dans les élections générales législatives de 1902, étant admis que le nombre
des mandats représentant les voix électorales ne pourra dépasser le cinquième du total des mandats.

Il ne sera attribué aux Fédérations de mandats représentant les voix électorales qu'à partir de mille suffrages obtenus, et le nombre des mandats sera déterminé suivant une progression décroissante.

Cette déclaration, adoptée par toutes des organisations, a été enregistrée par le Bureau international. C'est ainsi qu'elle est devenue le pacte fondamental de l'Unité socialiste.

Histoire sommaire

DU

PARTI SOCIALISTE [1]

Les premiers Groupements

Les premiers vagissements du socialisme renaissant en France après la sanglante hécatombe de Mai 1871, se firent entendre au sein des groupements syndicaux, à l'occasion des délégations ouvrières à envoyer aux Expositions Universelles, à Vienne 1873, Philadelphie 1876.

A Paris, des Chambres Syndicales s'étaient constituées ; en province, les ouvriers ne pouvant recruter dans une même corporation un assez grand nombre d'adhérents, avaient formé des « Chambres syndicales des Travailleurs réunis ».

Parallèlement subsistaient les groupements révolutionnaires de la Première Internationale, assez nombreux à la suite de la propagande clandestine activement menée par des militants anarchistes. Ces groupements étaient en relations suivies avec les proscrits de la Commune réfugiés en Angleterre et en Suisse (Vaillant, Benoit-Malon, Jules Guesde, Paul Brousse).

Les persécutions gouvernementales se traduisirent par de nombreuses arrestations suivies des retentissants procès des Internationaux de Toulouse et de Lyon et de multiples condamnations.

---

(1) Extrait de la brochure d'Hubert-Rouger : Le Socialisme en France. Prix franco : 0 fr. 75, à la Librairie Populaire.

Les premiers Congrès ouvriers

Le premier Congrès ouvrier se tint en 1876 à Paris, salle d'Arras, du 2 au 8 octobre, où avaient été convoquées les Chambres syndicales, les Associations ouvrières et les Coopératives. Les frais de voyages des délégués furent couverts par une souscription publique. On y échangea des vues sur des questions professionnelles.

Le Congrès de la salle d'Arras décida qu'un deuxième Congrès ouvrier se tiendrait l'année suivante à Lyon.

Il était convoqué pour le 9 décembre 1877, il fut interdit par le gouvernement de l'Ordre Moral. Les Associations syndicales lyonnaises avaient annoncé leur intention de passer outre et de l'organiser à cette date.

Les élections assurant le triomphe de la République et la constitution d'un Gouvernement de coup d'Etat, firent ajourner le Congrès au 28 janvier 1878. Il se tint à cette date au Théâtre des Variétés.

Le 18 octobre 1877 était paru le premier numéro de *L'Egalité*, rédigée par Jules Guesde, Gabriel Deville, Chabry, Victor Marrouck, Emile Massard, Gerbier (Girard) avec pour collaborateurs Bebel et Wilhem Liebknecht (Allemagne), César de Pâepe (Belgique), Zonardelli et Gnocchi Viani (Italie), Digeon (Espagne).

L'Egalité définissait son programme marxiste :

Nous croyons avec l'école collectiviste à laquelle se rattachent aujourd'hui presque tous les esprits sérieux du prolétariat des deux mondes que l'évolution naturelle et scientifique de l'humanité conduit invinciblement à l'appropriation collective du sol et des instruments de travail.

Au Congrès, des délégués déposèrent une motion suivant ces directives, contrairement aux décisions du Congrès précédent ; une vingtaine de voix votèrent la motion collectiviste.

Le Congrès de Lyon avait mandaté les organisations syndicales parisiennes pour convoquer, à l'occasion de l'Exposition de 1878, un Congrès International qui devait se réunir en septembre.

Le Gouvernement interdit le Congrès : Jules Guesde et les socialistes de l'*Egalité* invitèrent les délégués à venir siéger 104, rue des Entrepreneurs, au domicile de M. France.

La police occupa le local et les organisateurs furent arrêtés :

Jules Guesde et trente-huit militants furent traduits le 22 octobre 1878 devant la Xe Chambre, où en guise de défense, Guesde fit un magistral exposé de la doctrine collectiviste doublé d'un véritable réquisitoire contre l'ordre capitaliste. Il fut condamné à six mois de prison, mais sa plaidoirie eut un immense retentissement ; répandue à profusion dans les milieux ouvriers, elle provoqua un vif courant populaire en faveur du socialisme.

Le Congrès à Marseille : Au troisième Congrès national ouvrier, convoqué à Marseille pour le 20 octobre 1879, furent conviés non seulement les associations ouvrières mais aussi les délégués des Cercles d'Etudes Sociales et groupes collectivistes, éclos un peu partout à la suite des conférences faites par Jules Guesde à travers le pays après sa sortie de prison, où il souleva l'enthousiasme des foules par sa dialectique prenante et son âpre éloquence.

La résolution collectiviste réclamant l'abolition du salariat, l'appropriation collective des moyens de production et d'échange est adoptée par la majorité aux cris de Vive la Révolution ! et le Congrès décide la constitution d'un parti ouvrier de classe sous le titre de Parti des Travailleurs Socialistes de France.

Les résolutions de l'immortel Congrès de Marseille suscitèrent un enthousiasme indescriptible dans les centres ouvriers. Partout les délégués acquis au collectivisme rendaient compte de leur mandat dans des réunions publiques où étaient conviés les travailleurs et qui se terminaient généralement par la constitution d'un Groupe du Parti Ouvrier.

L'année suivante, le quatrième Congrès Ouvrier se tint au Havre, le 19 novembre 1880. Il adopta le programme minimum rédigé par Jules Guesde en collaboration avec Karl Marx et F. Engels et qui avait déjà été voté par l'Union Fédérative du Centre. Des amendements de caractère anarchiste furent ajoutés, mais ils furent éliminés par les Congrès ultérieurs.

Le cinquième Congrès, tenu à Reims, le 30 octobre 1881, vit aux prises deux tendances : celle du collectivisme révolutionnaire, unitaire et centralisateur, avec Jules Guesde, et celle du socialisme fédéraliste et réformiste, avec Malon et Brousse.

Le sixième Congrès siégea à Saint-Etienne, le 25 septembre 1882 ; une scission s'y produisit. Les délégués guesdistes, au nombre de 23, se retirèrent et tinrent à Roanne un Congrès qu'organisa le *Parti ouvrier français*, tandis que les 82 délégués de Saint-Etienne organisèrent le *Parti ouvrier socialiste révolutionnaire* (Fédération des Travailleurs socialistes).

De nouveaux désaccords se produisirent au sein de cette dernière organisation, jusque dans les élections où plusieurs candidats furent en présence ; un Congrès eut lieu à Châtellerault, en 1890, le 9 octobre, qui enregistra une nouvelle scission : 43 groupes et syndicats et les Ardennes quittèrent le Congrès et vinrent à Paris, où le 13 octobre, salle Favier, ils constituèrent une fraction séparée sous le nom de *Parti ouvrier socialiste révolutionnaire*.

De leur côté, Eudes, Vaillant, Granger, Chauvière, avaient lancé un appel au ralliement des éléments blanquistes pour reconstituer le *Parti socialiste révolutionnaire*.

De nouvelles divisions eurent encore lieu dans le *Parti ouvrier socialiste révolutionnaire*, où fut constituée l'*Alliance communiste* avec Dejeante, Groussier, Faillet et Roldes.

Un nouveau Parti, les *Socialistes indépendants*, se créa à la suite de la disparition de l'éphémère *Alliance républicaine socialiste*, avec Gérault-Richard, Viviani, Rouanet, Pascal Grousset, A. Veber, etc.

.Des tentatives de rapprochement, soit dans la presse, au *Cri du Peuple*, soit aux élections, en 1885, en 1886, soit lors de l'agitation boulangiste en 1889, soit à la Chambre pour réunir les élus socialistes dans la législature 1893-1918, soit lorsque les menées militaristes et réactionnaires menaçaient de toucher aux trop rares libertés républicaines.

Le 27 novembre 1898, les quatre organisations existantes avaient créé entre elles le *Comité d'entente*. A la suite d'un manifeste Guesde-Vaillant contre l'entrée d'un socialiste (Millerand) dans un ministère bourgeois, Jaurès s'employa de toutes ses forces pour réaliser l'unité et le Congrès de Japy fut convoqué le 3 décembre 1899, où 800 délégués y assistèrent. Une motion de Guesde disant « que la lutte des classes interdit l'entrée d'un socialiste dans un gouvernement bourgeois », fut adoptée par 818 voix contre 634 et une motion transactionnelle admettant des *circonstances exceptionnelles*, fut adoptée par 1.140 voix contre 240.

Un comité général fut désigné, qui ne parvint pas à maintenir l'unité, car au Congrès de 1900, à la salle Wagram, organisé à l'issue du Congrès international qui vota la motion Kautsk disant « que la participation ministérielle ne pouvait être qu'un expédient forcé, transitoire, exceptionnel » ; après des incidents tumultueux, les délégués du P. O. F. quittèrent la salle et se réunirent salle Vantier, d'où sortit un comité provisoire dans lequel entrèrent les guesdistes, les blanquistes et l'Alliance communiste, et qui donna naissance, plus tard, à un nouveau Parti : *le Parti socialiste de France.*

Un autre regroupement eut lieu entre des éléments de la Fédération des Travailleurs socialistes de France, le Parti ouvrier socialiste révolutionnaire, la Confédération des Socialistes indépendants et plusieurs Fédérations socialistes autonomes, sous le nom de *Parti socialiste français.*

La lutte fut circonscrite entre le Parti socialiste de France et le Parti socialiste français jusqu'en 1904.

Cependant la constitution de ces deux Partis avait fait avancer l'idée d'unité puisqu'au lieu et place d'un fractionnement en cinq ou six organisations nationales, les forces socialistes étaient rassemblées en deux formations de combat.

Du 14 au 20 août 1904 siégea à Amsterdam le Congrès International qui trancha souverainement le différend qui mettait aux prises le P. S. de F. et le P. S. F. Après avoir condamné la participation ministérielle, l'Internationale, sur la proposition Bebel, E. Ferri, Adler, Troelstra, Vandervelde votait une motion pour *que, dans chaque pays, en face des partis bourgeois, il n'y eut qu'un Parti Socialiste*. Cet appel s'adressait plus particulièrement aux socialistes français :

Camarade Guesde, Camarade Jaurès, je vous adjure, dans une pensée de paix socialiste internationale de vous tendre la main, telle fut la péroraison émouvante du rapporteur Vandervelde. Cet appel ne pouvait pas ne pas être entendu par des hommes comme Guesde, comme Vaillant, comme Jaurès dont la claire intelligence comprenait admirablement l'heureuse influence qu'exercerait sur le prolétariat l'union, l'unité dans un seul Parti de tous les socialistes de France.

Six mois plus tard le vœu de l'Internationale était exaucé et le 23 avril 1905 tous les socialistes français formaient un seul bloc dans la *Section Française de l'Internationale Ouvrière*.

L'Unité se réalisa sur les bases citées page 5, constituant la Charte d'Amsterdam sous le titre : PARTI SOCIALISTE (Section Française de l'Internationale Ouvrière).

De l'Unité
à la Scission criminelle de Tours

L'unification des forces socialistes suscita un véritable enthousiasme et éveilla les plus grands espoirs dans les milieux populaires.

La classe ouvrière et paysanne avait enfin conquis son unité politique de classe. Elle pouvait opposer à la bourgeoisie capitaliste le front unique des forces prolétariennes.

L'unité d'organisation ne tarda pas à produire ses fruits bienfaisants.

De 1905 à 1913, le Parti doubla les effectifs de ses cotisants ainsi que le nombre des suffrages socialistes, les premiers passant de 38.000 (Congrès du *Globe*, avril 1905) à 73.000 en 1913 et le nombre des électeurs donnant leur confiance au socialisme de 877.999 en 1906 à 1.397.373 en 1914.

Mais un résultat plus appréciable encore fut également atteint.

Chacune des anciennes fractions apporta à l'organisation commune les fruits de son expérience et cette dernière bénéficia des qualités propres à chacune d'elles. Au P. O. F. l'unité emprunta ses facultés méthodiques d'organisation et de recrutement et le fond doctrinal commun au Socialisme international.

Au P. S. R. son enthousiasme révolutionnaire et son esprit agressif contre le militarisme ; au P. O. S. R., sa connaissance intuitive du mouvement ouvrier, à la F. d. T. S. d. F. et aux Socialistes Indépendant leur aspect démocratique et leur esprit réaliste.

Les tendances diverses en se trouvant en contact permanent, perdirent leurs aspérités, elles se pénétrèrent mutuellement, peu à peu les désaccords s'atténuèrent, les vieux ferments de discorde s'éliminèrent, et le puissant génie de synthèse de Jaurès — à peine trois ans après la signature du pacte d'unité — faisait surgir la motion d'unanimité (de Toulouse (1) en 1908 où se reflétaient admirablement toutes les nuances de la pensée socialiste.

Dès lors de nouveaux courants peuvent s'établir, sans crainte de compromettre l'édifice unitaire, des divergences peuvent se faire jour, de nouvelles tendances se mouvoir dans le bouillonnement des controverses amicales et fraternelles. Mais à toutes les heures graves de la vie politique nationale et internationale le Parti Socialiste S. F. I. O. retrouve toujours son unanimité sur les principes fondamentaux du Socialisme, la pratique de l'action commune élaborant les formules où se précise la communauté de pensée.

*****

L'unanimité socialiste et ouvrière du 4 août 1914 ne dura pas. Ce fut un douloureux problème de conscience qui se posa pour les militants lorsque se firent jour les désaccords sur la politique de guerre.

Les trois tendances qui divisèrent le Parti Socialiste aboutirent à de nouveaux classements n'ayant aucun rapport avec les divisions anciennes.

L'analyse de ces tendances n'entre pas dans le cadre de cette modeste et courte brochure. Constatons simplement que ni les dissentiments profonds, ni les oppositions irréductibles, ni les heurts violents ne parvinrent jamais à mettre en jeu l'*Unité Socialiste*. La rupture fut toujours évitée. Parfois même après des votes de bataille, un minimum d'accord se réalisait sur un point commun recherché par les uns et par les autres.

_______ __

(1) Voir la brochure spéciale au prix de 2 fr. 25 franco.

Le Parti Socialiste tint, de 1905 à 1920, 23 Congrès nationaux, dont 13 seulement possèdent leur compte rendu in-extenso (1).

En avril 1919, le Parti Socialiste vota, quasi unanimement, le programme électoral (2) avec lequel tous les socialistes sans distinction de nuance affrontèrent le suffrage universel six mois plus tard.

A ce moment il devenait le Parti le plus fort, le Parti de l'avenir prochain : il comprenait 168.000 adhérents et 96 fédérations ; c'était l'espoir de la victoire prochaine, par l'union de toutes les forces ouvrières contre le capitalisme toujours uni pour défendre sa puissance menacée.

Mais, hélas ! ce que la guerre n'était pas parvenue à détruire, une volonté extérieure le réalisa brutalement.

De Moscou partit le mot d'ordre d'exclusion et de scission à travers le monde. Il fut obéi à Tours.

C'était la catastrophe ! 15 ans d'efforts perdus ! 25 ans de recul, par suite des luttes fratricides qui allaient en découler, au plus grand plaisir de la bourgeoisie.

Les vieux militants tinrent bon ; la *vieille maison* resta debout malgré cette tempête; les éffectifs réduits à près de 53.000 adhérents.

Depuis la Noël 1920 le Parti Socialiste S. F. I. O., fidèle à la charte d'unité de 1905, n'a cessé de travailler au regroupement des forces socialistes nationales et internationales.

Le Congrès de la Toussaint 1921, réuni au milieu d'une atmosphère vibrante de sympathie internationale, lança un vigoureux appel au ralliement, à l'union, à l'unité des socialistes de tous les pays.

L'écho répercuta cet appel ; il retentit même par-dessus les murs du Kremlin, où les nécessités de la

---

(1) La Librairie du Parti possède encore un certain nombre de séries de comptes rendus in-extenso de ces Congrès de l'Unité.

(2) Voir la brochure : Commentaires du programme d'action, par Léon Blum ; prix franco 0 fr. 65.

politique gouvernementale ont assagi la fureur de destruction. L'œuvre était en bonne voie.

La réaction capitaliste la paracheva.

Le Parti Socialiste a tenu, jusqu'à ce jour six Congrès ordinaires : Paris, Lille, Marseille, Grenoble, Clermont-Ferrand, Lyon et deux extraordinaires : Paris et Paris 1927 (1).

Il comptait, au 1er janvier 1927, 90 fédérations et 3.323 sections, englobant 111.000 adhérents. 108 élus législatifs, dont 14 sénateurs, 532 maires socialistes et 9.300 conseillers municipaux, dont les plus grandes villes de France.

C'est bien la reprise de la marche vers l'avenir triomphant interrompu en 1920.

—————

(1) Il n'existe, pour les Congrès de Paris 1922, Lille 1923, Marseille 1924, Grenoble 1925, Clermont-Ferrand 1926, que des Rapports aux Congrès. Pour Lyon, un compte rendu in-extenso a été publié. Les réclamer à la Librairie du Parti.

Extraits du Règlement du Parti

adopté par le 1er Congrès national (Paris, avril 1905) et modifié par le VIIIe Congrès national (2e session, Paris, novembre 1911) et par les Conseils nationaux ayant pouvoir de congrès (Paris, juillet 1913; Paris, novembre 1925).

CHAPITRE PREMIER

Constitution du Parti

ARTICLE PREMIER. — Le Parti socialiste est fondé sur les principes suivants :

« Entente et action internationales des travailleurs ; organisation politique et économique du prolétariat en parti de classe pour la conquête du pouvoir et la socialisation des moyens de production et d'échange, c'est-à-dire la transformation de la société capitaliste en une société collectiviste ou communiste ».

ART. 2. — Le titre du Parti est : Parti socialiste, section française de l'Internationale ouvrière.

ART. 3. — Les adhérents acceptent les principes, le règlement et la tactique du Parti.

CHAPITRE II

Organisation du Parti, Sections et Fédérations

ART. 4. — Les membres du Parti forment, *dans chaque commune, une section*. Ils doivent être porteurs de la carte du Parti et acquitter leur cotisation au profit de l'organisme central, par l'entremise de la section de la commune où ils ont leur résidence ou leur domicile.

ART. 6. — Les membres du Parti ont le devoir d'appartenir au syndicat ouvrier de leur profession et à la coopérative de leur localité .

ART. 7. — Le prix de la carte annuelle et celui de la cotisation mensuelle sont fixés par les Congrès.

ART. 9. — Les sections se constituent dans chaque département en une fédération unique ayant son administration fédérale.

ART. 11. — Une fédération ne peut être constituée si elle ne compte au moins cinq sections comprenant un minimum total de cent membres à jour de leurs cotisations.

ART. 12. — Les fédérations, en adhérant au Parti, prennent l'engagement d'en faire respecter les principes et le programme, ainsi que les décisions des Congrès nationaux et internationaux.

ART. 14. — Nul ne peut être membre de la commission administrative permanente, délégué permanent à la propagande, délégué au Congrès national ou au Conseil national s'il n'a pas cinq années au moins de présence au Parti, à moins que les délégués des deux dernières catégories indiquées ne représentent des fédérations récemment constituées. Pour être candidat aux élections législatives il faudra être membre du Parti depuis trois ans.

ART. 15. — Partout où les statuts des fédérations n'en auront pas disposé autrement, les candidats seront désignés par l'ensemble des sections de la circonscription électorale et ratifiés par la fédération, qui a mandat de veiller à l'observation des principes du Parti.

ART. 16. — Tout candidat doit signer l'engagement d'observer les principes du Parti et les décisions des Congrès nationaux et internationaux.

ART. 17. — L'élu qui, pour une cause quelconque, quitte le Parti doit tenir son mandat à la disposition de l'organisme qui l'a fait élire et qui seul, a le droit de décider s'il le conservera ou donnera sa démission. En cas d'exclusion du Parti, la remise du mandat est obligatoire.

ART. 19. — Chaque fois que l'entente n'aura pu se réaliser, la minorité aura droit, à tous les degrés de l'organisation du Parti : section, fédération, C. A. P. et pour toutes les commissions ou délégations de ces divers organismes, à une représentation proportionnelle.

CHAPITRE III

Congrès du Parti

ART. 20. — La direction du Parti appartient au Parti lui-même, c'est-à-dire au Congrès national qui se réunit chaque année.

Art. 21. — Les délégués au Congrès national sont élus par les Congrès des fédérations. Chaque fédération établit elle-même le mode de nomination de ses délégués. La minorité, s'il y en a une, a droit à une représentation proportionnelle.

Art. 22. — Chaque fédération a droit à une représentation proportionnelle au nombre de ses membres cotisants.

Art. 27. — Le Groupe socialiste au Parlement présente, chaque année, un rapport au Congrès national publié et adressé aux fédérations un mois au moins avant l'ouverture du Congrès.

Art. 28. — Chaque année, le Congrès désigne une Commission de contrôle des finances et des comptes.

Chapitre IV

Conseil national

Art. 29. — Dans l'intervalle des Congrès nationaux, l'administration du Parti est confiée au Conseil national.

Art. 30. — Le Conseil national est constitué par les délégués des fédérations et la Commission administrative permanente élue par le Congrès national.

Art. 32. — La Commission administrative permanente comprend trente-trois membres, élus directement au scrutin de liste et au vote secret par le Congrès national annuel, sans que le nombre des élus parlementaires puisse dépasser douze.

Elle s'adjoindra, toutes les fois que les circonstances l'exigeront, quinze membres que le Congrès désignera chaque année en dehors des parlementaires et des délégués autres que ceux de Seine et Seine-et-Oise.

Art. 33. — Avant de procéder à cette élection, les délégués au Congrès établissent d'un commun accord ou chargent une commission d'établir une liste unique de candidats. Cette tentative d'accord est obligatoire. Si l'entente n'a pu se réaliser, l'élection se fait au scrutin de liste avec représentation proportionnelle.

Les listes présentées au Congrès comprennent obligatoirement trente-trois noms, et aucun candidat ne peut être inscrit sur plus d'une liste.

Art. 35. — Le bureau, composé d'un secrétaire général, d'un trésorier, des secrétaires des quatre sous-commissions, est nommé par la Commission administrative permanente et soumis à la ratification du Conseil national.

Art. 37 — Le Conseil national est chargé de la propagande générale. Il exécute ou fait exécuter les décisions des Congrès nationaux et internationaux; il contrôle les militants, les élus de la presse du Parti; il prend toutes les mesures, même exceptionnelles, que peuvent exiger les circonstances.

Art. 39. — D'une réunion à l'autre du Conseil national, la C. A. P. est déléguée pour exécuter ou faire exécuter les décisions du Congrès et du Conseil national. Elle organise la propagande. Elle peut, s'il en est besoin, et sans condition de délai, convoquer d'urgence un Congrès extraordinaire du Parti.

Art. 40. — La Commission administrative permanente prépare les rapports qui sont soumis tous les ans au Congrès national.

Chapitre V

Groupe Socialiste au Parlement

Art. 43. — Le Groupe socialiste au Parlement est distinct de toutes les fractions politiques bourgeoises et composé exclusivement des élus membres du Parti, désignés par leurs fédérations.

Art. 44. — Les membres du Groupe acceptent la déclaration constitutive de l'unité socialiste, notamment les articles 1, 2 et 3, et se conforment à la tactique du Parti. Ils établissent eux-mêmes leur règlement.

Chapitre VI

Conseillers municipaux,
Conseillers d'arrondissement, Conseillers généraux

Art. 46. — Dans les communes et les départements, les conseillers municipaux, les conseillers d'arrondissement, les conseillers généraux et, d'une manière générale, tous les élus doivent, pour la propagande et pour l'action, donner leur concours aux groupes des communes et au Comité fédéral.

CHAPITRE VII

Conflits

ART. 49. — Tout membre du Parti relève individuellement du contrôle de sa fédération.

ART. 50. — Chaque fédération nomme, dans son Congrès ordinaire annuel, une Commission permanente fédérale des conflits composée de membres ayant au moins cinq ans de Parti. Le Congrès national nomme chaque année une Commission permanente nationale des Conflits composée de neuf membres ayant au moins dix ans de Parti.

ART. 51. — Toute demande de contrôle, dont les intéressés (membres ou groupements) appartiennent à la même Fédération, est portée devant le Bureau fédéral qui la transmet immédiatement à la Commission fédérale des Conflits. Toute demande de contrôle intéressant deux ou plusieurs Fédérations est portée devant le Bureau du Parti qui la transmet immédiatement à la Commission nationale des Conflits.

ART. 52. — La Commission (fédérale ou nationale) des Conflits peut rejeter la demande de contrôle ou appliquer les peines de l'avertissement privé ou public, du blâme, de la suspension temporaire de toute délégation ou de l'exclusion du Parti. Elle peut aussi, à la demande des parties, conclure à un arbitrage dont elle désigne le tiers arbitre.

ART. 53. — Si la demande de contrôle est reconnue mal fondée, elle peut donner lieu, par la même Commission, aux mêmes sanctions contre la partie qui l'a introduite.

ART. 54. — L'exclusion et la suspension temporaire ne peuvent être prononcées que pour manquement grave aux principes et aux règlements du Parti, pour violation certaine des engagements contractés, pour acte ou conduite de nature à porter gravement préjudice au Parti.

ART. 55. — Les décisions des Commissions fédérales sont définitives, sauf pour la suspension temporaire et l'exclusion, qui ne deviennent définitives que 30 jours après la décision prise. Pendant ce délai, appel pourra être fait à la Commission nationale des Conflits.

ART. 56. — Les décisions de la Commission nationale sont définitives, sauf pour l'exclusion, qui ne deviendra définitive que 30 jours après la décision prise. Pendant ce délai, appel pourra être fait au Conseil national qui jugera en dernier ressort.

ART. 57. — L'appel est, dans tous les cas, suspensif. Toutefois, la peine d'exclusion prononcée par une Commission (fédérale ou nationale) des Conflits, entraîne la cessation de toute délégation au nom du Parti.

ART. 58. — La radiation pour retard prolongé du versement des cotisations cesse de plein droit dès que le membre radié a versé le montant des cotisations arriérées.

ART. 59. — Chacun des élus parlementaires, en tant qu'élu, et l'ensemble du Groupe, en tant que groupe, relèvent du contrôle du Conseil national.

ART. 60. — Si la question est en état, le Congrès national peut, après avoir entendu les parties intéressées, rendre, conformément aux articles 53 et 54, une décision motivée.

Le Congrès peut également ordonner une enquête nouvelle ou renvoyer l'affaire devant une Commission qu'il nomme lui-même, dont il règle les pouvoirs et qui, sauf indication contraire, juge sans appel.

ART. 61. — Un membre exclu du Parti ne peut être réadmis que par décision du Congrès national après consultation de la Fédération et de la section auxquelles il appartenait avant l'exclusion.

ART. 62. — Toute exclusion définitive du Parti sera notifiée à toutes les fédérations du Parti par la Commission administrative permanente.

Chapitre VIII

Contrôle de la Presse

ART. 63. — La liberté de discussion est entière dans la presse pour toutes les questions de doctrine ou de méthode; mais, pour l'action, tous les journaux, toutes les revues socialistes doivent se conformer aux décisions des Congrès nationaux et Internationaux interprétées par le Conseil national du Parti.

ART. 64. — Les journaux et revues qui sont ou seront la propriété du Parti sont ou seront placés sous le contrôle politique et administratif du Parti. Le Congrès en détermine les conditions de direction, de rédaction et d'administration.

ART. 65. — Les journaux et revues qui sont ou seront la propriété d'une ou plusieurs fédérations sont ou seront placés sous le contrôle politique et administratif des Congrès de ces fédérations et de leur Comité fédéral.

ART. 66. — Les journaux et revues qui ne sont pas la propriété du parti, mais dont la direction appartient à un ou plusieurs membres du Parti Socialiste, doivent se conformer pour l'action aux décisions des Congrès nationaux et internationaux interprétés par le Conseil national.

Ces journaux seront tenus d'insérer, et en bonne place, les communications officielles du Parti.

ART. 67. — La C. A. P. et les fédérations départementales n'exercent sur ces journaux qu'un contrôle politique général.

Tout membre du Parti peut être convoqué devant la C. A. P. à raison de ses articles dans les journaux et revues ci-dessus désignés.

ART. 68. — Tout journaliste membre du Parti relève individuellement, comme tout militant, du contrôle de sa fédération, du Conseil national et du Congrès national.

ART. 69. — Le Parti a comme organe le *Populaire*, qui contiendra les actes officiels du Parti pour être gardés dans les archives des organisations.

Le service en sera fait gratuitement aux sections.

LA SECTION (1)

La Section est à la base même du Parti ; c'est d'elle que part toute l'organisation ; c'est par elle qu'elle vaut. Plus la Section est riche en éléments, plus l'action socialiste locale s'en ressent, de même l'action régionale par la Fédération et l'action générale par le Parti. Il convient donc d'apporter le plus grand soin à la constitution de la Section.

C'est à elle qu'incombe l'action publique du Parti, tant pour la propagande en temps ordinaire, qu'en période électorale. Il ne lui incombe pas qu'une besogne de propagande à l'extérieur, mais encore d'éducation à l'intérieur, car tant que le recrutement du Parti n'aura pas été assuré d'une façon régulière par le canal des Jeunesses qui amènera des cerveaux tout éduqués, il viendra naturellement du tout-venant au Groupe, soit à la suite d'une réunion publique ou d'une manifestation quelconque qui aura emballé les esprits, et dans ce tout-venant, il ne tardera pas à y avoir du déchet si l'éducation socialiste ne se fa . pas.

Mais tout d'abord, comment constituer une Section? Soit qu'on profite du passage d'un délégué permanent du Parti, soit qu'on ait demandé un délégué à la Fédération, on convoque en réunion privée tous les citoyens qu'on juge susceptibles de donner leur adhésion au Parti. Là, le délégué permanent ou fédéral, expose la nécessité qu'il y a pour tous les citoyens éclairés à rallier leur organisation politique de classe : puis on discute un projet de Statuts aussi simple que possible, dans ce genre par exemple :

---

(1) Les chapitres sur l'organisation du Parti : Section, Fédération, Parti, sont extraits des brochures de nos camarades Dubreuilh et Laudier : **L'Organisation Socialiste**, épuisées.

Modèle de Statuts d'une Section du Parti

ARTICLE PREMIER. — Entre les Citoyens approuvant la politique du Parti Socialiste (S. F. I. O.), il est formé une Section socialiste pour la diffusion, la propagande et la défense des idées socialistes.

ART. 2. — La Section adhère à la Fédération Socialiste d......, dont le siège est à .... Elle s'engage à s'acquitter envers elle des obligations contenues dans les Statuts de celle-ci.

ART. 3. — La Section est administrée par un bureau composé d'un Secrétaire et d'un Trésorier, nommés tous deux pour un an, renouvelables et révocables par la majorité des Membres de la Section. Deux adjoints sont également désignés.

Le Secrétaire est chargé de la correspondance, de la rédaction des procès-verbaux des séances de la Section et de la conservation des archives.

Le Trésorier s'occupe de la caisse et perçoit les cotisations. Une fois par mois, en réunion générale de Section, il rend compte de l'état des ressources.

ART. 4. — La cotisation mensuelle est fixée à... Elle doit être rigoureusement acquittée, sauf en cas de chômage ou de maladie.

ART. 5. — Tous les membres de la Section doivent être munis de la Carte du Parti délivrée pour un an. A chaque paiement de cotisation, le Trésorier appose un timbre mobile dans l'une des douze cases que comporte cette Carte.

Cartes et timbres sont délivrés par le Trésorier de la Fédération d......, au prix de...... la carte et ...... le timbre.

ART. 6. — Une Commission de Contrôle de trois Membres, élue pour un an, vérifie la gestion du Trésorier tous les trimestres.

ART. 7. — Une Commission administrative de cinq membres (les membres du bureau en faisant partie de droit), élue pour un an, est chargée de l'exécution des décisions de la Section, de la préparation de ses réunions et de toute l'organisation de la propagande.

ART. 8. — La Section se réunit tous les...... Chaque Réunion est présidée par un Adhérent du Parti à tour de rôle.

Chaque Adhérent est convoqué aux Réunions par une lettre individuelle que lui adresse le Secrétaire, ou par la voie de l'organe de la Fédération.

ART. 9. — La Section se fait représenter aux Congrès de la Fédération Socialiste d...... soit directement, par un Délégué, soit par le Délégué d'une autre Section, si ses ressources pécuniaires ne lui permettent pas d'agir autrement.

Le Secrétaire doit remettre un mandat écrit au délégué.

ART. 10. — Des modifications pourront toujours être apportées en Réunion aux présents Statuts.

Lu et approuvé en Réunion générale,

le   19   .

Le Président de séance,

Le Secrétaire,

Voici la Section constituée, que va-t-elle devenir ? Si elle a un secrétaire intelligent et actif, son avenir n'est pas douteux ; mais si la tête est négligente ou inapte à la préparation des réunions, sûrement elle périclitera et sombrera dans les querelles personnelles. Le choix du Bureau est donc une grosse affaire, mais il importe aussi, au moins pour les débuts, que la Fédération ne laisse pas la nouvelle section livrée à ses propres ressources.

Il faudra toujours la tenir en haleine à l'aide de communications, de circulaires, l'inciter à la discussion des grands faits sociaux, afin que les réunions soient vivantes et que les adhérents aient intérêt à les suivre.

Il faudra aussi veiller à la prise régulière des cartes et des timbres du Parti ; une Section qui cotise irrégulièrement est une Section qui n'a pas une vie normale, ou dont les adhérents ne sont pas suffisamment animés de la foi socialiste. C'est le devoir d'un trésorier vigilant de ne pas laisser l'adhérent se mettre en retard de ses cotisations sans raison plausible; trois mois de cotisations à payer d'un coup, c'est déjà gros, mais si on laisse s'accroître ce retard, il y a bien des chances pour que ce soit un adhérent de perdu.

Une fois la Section solidement constituée, il convient également, tout en cherchant à faire des prosélytes, à s'entourer de toutes les garanties pour les nouvelles adhésions. Il suffit d'un esprit brouillon pour tuer une Section qu'on a eu beaucoup de mal à mettre debout. Aussi, il est bien entendu qu'on ne peut entrer tout de go dans la Section, il faut exiger la présentation par deux citoyens et là, en l'absence de l'intéressé, on discute de ses mérites comme de ses faiblesses et, s'il y a le moindre doute, il ne faut pas hésiter à ajourner ou à repousser l'adhésion.

Il vaut mieux n'être qu'une poignée, mais une poignée de convaincus et de résolus, qu'une cohorte indisciplinée et aventureuse qui se figure que le socialisme consiste à faire du chambard sur le zinc ou à divaguer sur les décisions de la Section aux quatre coins de la ville, surtout quand il y a intérêt à ne pas livrer son plan de bataille. Point donc de ces hurluberlus, leur place ne saurait être dans le Parti où ils ne pourraient être que des objets de trouble.

Il ne faut pas oublier non plus que les membres du Parti ont le devoir d'appartenir au Syndicat ouvrier de leur profession et à la Coopérative (article 6 des statuts du Parti.)

C'est à la Section qu'il appartient de désigner les candidats et de dresser la liste du Parti aux élections municipales auxquelles une section active se doit toujours de participer. Ce n'est pas toujours très facile de dresser une liste de candidats aux élections municipales. Bien souvent les éléments manquent, et certains des meilleurs militants se récusent par suite de leur situation. On est alors tenté d'aller chercher les socialistes étrangers au Parti pour compléter la liste. C'est un gros danger, et il serait bien préférable d'aller à la bataille avec une liste incomplète, mais composée de militants sûrs, que d'avoir recours à des individus qu'on fait quelquefois élire et qui vous tirent presque toujours dessus après coup.

Enfin, il est un autre devoir auquel la Section ne saurait et ne peut se dérober : c'est sa représentation effective à chaque Congrès fédéral. Bien souvent, c'est une grosse gêne, la Section est pauvre, le lieu du Congrès est éloigné, les moyens de communication difficiles. N'importe, il faut envoyer un délégué. Une Section isolée, si active qu'elle soit, ne peut être que désarmée dans la bataille si elle n'a pas pris contact avec les autres Sections et si elle ne s'appuie pas sur la Fédération. De même, cette dernière a besoin du concours et de l'avis de tous ses groupements pour agir. Il est donc indispensable que chaque Section adopte pour règle, qu'elle se fera représenter par un délégué direct à chaque Congrès de la Fédération, lequel d'ailleurs, en règle générale, n'a lieu qu'une fois par an.

DES GROUPES

Dans les villes importantes, voire même dans les communes sectionnées ou possédant des hameaux éloignés, il peut exister plusieurs Groupes (art. 8 des statuts), qui seront chargés du recrutement et de l'éducation de leurs membres, mais pour l'action publique du Parti, la Section seule peut la mener et les Groupes se fondent dans la Section qui devient donc l'ensemble des groupes d'une même ville ou commune.

La Section a son administration et son bureau à elle, la Commission administrative de la Section est donc, en règle générale, composée à raison de un ou plusieurs délégués de chaque Groupe, selon leur nombre ; à ces délégués vient s'ajouter le Bureau ordinairement élu en assemblée générale (tous groupes réunis), au commencement de l'année.

C'est la Commission administrative qui gère la Section dans l'intervalle des Assemblées générales, dont il est bon d'user avec mesure, pour qu'elles soient nombreuses et importantes.

Chaque Groupe est autonome dans la Section, pour son administration propre, comme pour l'étude des questions intéressant le Parti, *mais pour l'étude seulement*. Quand il s'agit de prendre une décision, c'est à la Section réunie en Assemblée générale à la prendre.

Quant à la cotisation des Groupes réunis en Section, il est indispensable qu'elle soit la même, pour éviter toutes sortes de difficultés.

La Section ayant la responsabilité de l'action publique du Parti, c'est à elle, et à elle seule, qu'il appartient de faire choix des candidats du Parti, pour les élections municipales, sur la proposition des Groupes, comme également d'arrêter la tactique électorale à suivre.

Les délégués aux Congrès fédéraux sont de même choisis en Assemblée générale de la Section, en tenant compte de l'importance numérique des Groupes.

La Jeunesse

La Section, pour s'assurer un bon recrutement, doit s'intéresser à la fondation d'un Groupe de Jeunesse auquel elle s'appliquera à son développement statutaire et à son éducation socialiste.

Le Groupe de Jeunesse rassemble les jeunes gens de la localité pour leur procurer de la distraction, soit par sports, théâtre, promenades instructives et leur donner en même temps une éducation socialiste. Les membres du Groupe de Jeunesse peuvent ne pas faire partie de la Section ; ils sont groupés dans la Fédération des Jeunesses de leur département, lesquelles dépendent du Comité national mixte des Jeunesses.

Il est bien entendu que, pour l'action publique, la Jeunesse relève de la Section, au sein de laquelle d'ailleurs, elle peut apporter l'ardeur et la fougue de son âge. Elle peut être précieuse, notamment pour les soirées récréatives et familiales, pour la vente des brochures de propagande du Parti, pour les sorties champêtres décidées par la Section. Elle pourra même se rendre utile pendant les périodes électorales en collaborant à l'affichage, à l'envoi des circulaires et bulletins, tout travail qui, dans le Parti socialiste, demande une somme de dévouement considérable.

Ainsi compris, le rôle de la Jeunesse socialiste, sans être un rôle de premier plan, n'en est pas moins un rôle actif dont le Parti ne pourra recueillir que les bienfaisants effets. Et, quand un jeune, ainsi façonné de 15 à 20 ans, partira pour le régiment, ce n'est pas un numéro qui partira, mais un homme déjà fait qui aura hâte d'en finir avec la dure épreuve de la caserne, pour venir reprendre sa place de combat parmi ses camarades prolétaires.

Pour arriver à ce but, la Jeunesse a à sa disposition les moyens suivants :

1° *Les Conférences et les Cours (séries de leçons) ;*

2° *La profusion de journaux et de brochures ;*

3° *Les bibliothèques dans les Groupes et les bibliothèques ambulantes ;*

4° *Les excursions en commun et les visites industrielles et artistiques ;*

5° *Les exercices physiques et les jeux en plein air ;*

6° *Les soirées littéraires et artistiques ;*

7° *La participation aux manifestations et aux meetings.*

Groupe féministe

Le Parti socialiste admet dans son sein les femmes, au même titre que les hommes.

Mais, pour faire une action spéciale en faveur du féminisme, il existe des groupes d'éducation de femmes dans tous les pays.

En France, il existe un Groupe des Femmes du Parti socialiste, qui groupe toutes les femmes socialistes des diverses fédérations ; il a pour secrétaire notre vaillante camarade Louise Saumoneau, 6, rue Flatters, Paris (5e) et comme organe mensuel : *La Femme socialiste.*

Ces Groupes sont groupés internationalement et un Comité international dirige le mouvement. Sa dernière réunion a eu lieu à Cologne, les 10 et 11 décembre 1927.

LA FEDERATION

L'ensemble des Groupes et Sections d'un même département forme la Fédération.

Une Fédération doit compter au moins cinq Sections comprenant un minimum total de cent membres.

Cette disposition prévue par l'article 11 des Statuts du Parti est de tous points équitable en vue de la représentation des Fédérations aux Congrès nationaux du Parti, comme on le verra plus loin. L'article 10 des Statuts dispose que les Sections d'un département où il n'existera pas de Fédération devront adhérer à la Fédération d'un département voisin

De même que l'organisme national du Parti rayonne sur toutes les Fédérations, la Fédération rayonne sur toutes les Sections du département. C'est à elle de les animer de son souffle, de les réconforter aux heures de crise, enfin de les guider dans la bataille de tous les jours.

On comprend, dès lors, le rôle actif qu'est appelé à jouer l'homme choisi comme devant être l'âme de la Fédération. En tout premier lieu, il doit connaître à fond la situation et les hommes politiques de son département ; il doit également — on comprend aisément pourquoi — avoir les connaissances les plus essentielles sur la doctrine et la vie sociale ; enfin, il doit pouvoir parler en réunion publique et écrire dans l'organe fédéral, s'il en existe un, car très souvent c'est à lui qu'incombe le devoir de répondre aux attaques des adversaires. Tâche malaisée et ingrate, sans doute, mais il doit en être ainsi pour que la Fédération progresse.

Voyons maintenant comment fonctionne la Fédération.

Le Congrès fédéral

La direction de la Fédération appartient à la Fédération elle-même, c'est-à-dire au Congrès fédéral, qui se réunit ordinairement une fois l'an et extraordinairement aussi souvent que les circonstances l'exigent.

La représentation des Sections au Congrès est calculée sur le nombre de cartes prises par chacune d'elles ; les Statuts de chaque Fédération prévoient le tantième de cartes, appuyées de 8 timbres par an, par mandat.

C'est le Congrès qui décide de la ligne de conduite politique de la Fédération, et c'est lui qui a charge de veiller à l'observation des principes du Parti. C'est lui qui désigne ou ratifie — selon que les Statuts fédéraux en ont ainsi décidé — les candidats aux élections, tant législatives que départementales.

C'est lui qui nomme les délégués au Conseil National et aux Congrès nationaux du Parti et les mandate après discussion des questions portées à l'ordre du jour.

Le Conseil fédéral

Dans l'intervalle des Congrès fédéraux, la direction de la Fédération est confiée au Conseil fédéral, lequel peut se réunir tous les deux ou trois mois. Le Conseil fédéral est constitué par les délégués des Sections, dans une proportion moindre que ceux du Congrès. Ils sont élus pour un an et rééligibles.

Le but du Conseil fédéral étant de suppléer le Congrès, qui ne peut être réuni à tout bout de champ,

sa composition doit être des plus judicieuses : ni trop
de délégués, ni pas assez, lesquels doivent être les
militants les plus autorisés de la Fédération. Pour
que les réunions du Conseil fédéral soient suivies, et
surtout parce que ces réunions peuvent être convoquées à l'improviste, dans tous les cas urgents, il est
désirable, autant que possible, que les frais de dépla-
cement soient supportés par la caisse fédérale, même
au risque d'une cotisation plus élevée.

Quel est le rôle du Conseil fédéral ? C'est d'exécuter ou de faire exécuter les décisions du Congrès ;
de contrôler les militants, les élus et l'organe de la
Fédération ; d'organiser la propagande et de prendre
toutes les mesures, mêmes exceptionnelles, que peuvent exiger les circonstances ; de convoquer le Congrès
fédéral annuel et d'arrêter les questions à porter à
son ordre du jour, après consultation des Groupes.

La Commission administrative

En dehors du Congrès et du Conseil fédéral, et pour
la besogne courante, la Fédération a une Commission
administrative qui ne doit pas être trop nombreuse,
car en général plus une Commission compte de membres, et moins elle fonctionne bien.

Pour la facilité des réunions de cette Commission,
il n'est pas mauvais, mais cela n'est toutefois pas
indispensable, que les membres qui la composent
soient pris dans la Section de la ville où la Fédération
a son siège social.

La Commission administrative est élue par le Congrès fédéral, au scrutin de liste, pour un an ; le Bureau est choisi parmi les membres élus.

C'est à la Commission qu'incombe la préparation
des rapports qui doivent être soumis tous les ans au
Congrès. C'est à elle que peut appartenir, à défaut
du Conseil fédéral, le soin de convoquer un Congrès
extraordinaire dans un cas urgent.

C'est à elle encore qu'incombe la rédaction et l'administration du journal, quand la Fédération a la bonne fortune d'en posséder un ; à elle incombe, enfin, le soin des relations entre les Sections et le Parti, la mise à exécution par les premières des décisions des Congrès, ainsi que le soin de les faire respecter.

Tout en n'agissant qu'en conformité des décisions du Conseil fédéral et du Congrès, la Commission administrative a tout de même à faire preuve d'une certaine initiative, surtout dans les moments difficiles. Il lui appartient en fait, d'organiser, de provoquer même des tournées de propagande là où il n'existe pas de Groupes et de seconder les efforts de ceux existants, afin de les renforcer en puissance et en autorité morale.

LE PARTI

L'ensemble des Fédérations forme le Parti proprement dit, c'est-à-dire la *Section française de l'Internationale Ouvrière*.

Le Congrès national

Le Parti est dirigé par le Congrès National qui se réunit chaque année. Le Congrès est composé des Délégués élus par les Congrès des Fédérations. Chaque Fédération établit elle-même le mode de nomination de ses délégués, mais s'il se trouve une minorité, elle a droit à une représentation proportionnelle.

Les mandats sont calculés sur le nombre de cartes délivrées au cours de l'année précédente, appuyées de huit timbres.

La représentation des Fédérations au Congrès National est donc proportionnelle aux forces cotisantes de chacune, en sorte qu'on peut dire que le Congrès est, autant que faire se peut, l'image exacte du Parti.

Ainsi constitué, le Congrès est souverain et ses décisions font loi pour toutes les organisations et militants du Parti. A la demande du dixième des délégués, les votes ont lieu par mandat à l'appel nominal. Toutes les garanties sont donc accordées aux Fédérations pour faire prévaloir leur point de vue, comme pour obtenir l'inscription de telle ou telle question à l'ordre du jour.

Le Congrès National ordinaire comprend obligatoirement à son ordre du jour, outre les questions arrêtées à l'avance, les Rapports du Conseil National (Secrétariat, Trésorerie et Librairie), de la Commission de Contrôle, du Groupe Parlementaire, des délégués au Bureau Socialiste international et des Fédérations.

Pour défendre son rapport et répondre aux objections qui pourraient y être faites, le Groupe Parlementaire est représenté au Congrès par une délégation de deux membres au moins et de cinq au plus, qui a voix consultative.

En dehors du Congrès ordinaire annuel, le Conseil National peut convoquer des Congrès extraordinaires pour un objet déterminé. La représentation des Fédérations à ces Congrès est calculée sur les bases du Congrès ordinaire précédent.

Le Conseil national

Le Conseil National est au Parti ce que le Conseil Fédéral est à la Fédération : c'est le rouage intermédiaire entre le Congrès National et la Commission Administrative Permanente dont on parlera tout à l'heure. Il siège trois fois par an à Paris, mais il peut être convoqué extraordinairement soit à la demande du quart des délégués qui le composent, soit à celle de la Commission Administrative Permanente.

Le Conseil National est composé des délégués des Fédérations et de la Commission Administrative Permanente élue par le Congrès National. Chaque Fédération est représentée au prorata de ses mandats au Congrès.

Le rôle du Conseil National est défini par l'article des Statuts du Parti qui précise qu'il est chargé de la propagande générale, d'exécuter ou de faire exécuter les décisions des Congrès nationaux et internationaux, de contrôler les militants, les élus et la presse du Parti, et de prendre toutes les mesures, même exceptionnelles, que peuvent exiger les circonstances. C'est très exactement, pour l'ensemble du pays, le rôle que peut avoir à remplir le Conseil Fédéral dans le département.

C'est aussi au Conseil National qu'il appartient de convoquer les Congrès du Parti, tant ordinaires qu'extraordinaires, ainsi que d'arrêter les questions qui doivent être soumises à ses discussions. Il le peut d'autant mieux qu'il est, lui aussi, l'image du Parti puisque, comme pour le Congrès, les Fédérations y sont représentées proportionnellement au nombre de leurs cotisants.

Pendant les premières années de l'Unité, et par respect pour la charte unitaire qui liait les organisations contractantes, le Parti avait tenu les élus à l'écart du Conseil National, voire de la Commission Administrative Permanente, assurant leur représentation au premier de ces organismes par une délégation collective. Mais avec le temps, on a reconnu la nécessité de ne pas séparer les élus de l'ensemble du Parti et ils peuvent maintenant être nommés à tous ses organismes.

La C. A. P.

La Commission Administrative Permanente, ou plus communément, la C. A. P., se compose de 33 membres élus directement au scrutin de liste et au vote secret par le Congrès National annuel sans que les élus parlementaires puissent dépasser 12.

Elle s'adjoint, toutes les fois que les circonstances l'exigent, quinze membres que le Congrès choisit chaque année avec elle, en dehors des parlementaires et des délégués de Seine et Seine-Oise.

La C. A. P. procède, dans son sein, à la constitution de quatre Sous-Commissions pour la répartition du travail : Administration et conflits, Organisation et propagande, Finances, Archives et documentation.

Le Bureau de la C. A. P. est composé d'un secrétaire général, d'un secrétaire-adjoint, d'un trésorier et des secrétaires des quatre Sous-Commissions. Il est nommé par la C. A. P. et soumis à la ratification du Conseil National.

Quant au Contrôle, il est exercé par une Commission de neuf membres, dont un tiers d'élus au Parlement, nommée par le Congrès.

Pour être complet sur ce point, il convient d'ajouter que l'article 14 des Statuts du Parti dit : Nul ne peut être membre de la C. A. P., délégué permanent à la propagande ou au Conseil National, s'il n'a pas cinq années au moins de présence au Parti. Pour être candidat aux élections législatives, il faut être membre du Parti depuis trois ans.

Comme on le voit, des garanties sérieuses sont prises pour que les postes de confiance du Parti ne soient attribués qu'à des militants ayant fait leurs preuves.

Il le fallait d'ailleurs, surtout en ce qui concerne la C. A. P. car, d'une réunion à l'autre du Conseil National, c'est elle qui, pour ainsi dire, est dépositaire de ses pouvoirs tant pour l'exécution de ses décisions que de celles du Congrès, ainsi que pour l'organisation de la propagande.

Il faut au Parti une Commission Administrative Permanente en laquelle il ait pleine et entière confiance, car aux heures de crise, elle doit pouvoir faire preuve d'initiative et ses responsabilités peuvent être lourdes.

Les Élus

Les élus socialistes forment, au Parlement, un Groupe distinct de toutes les fractions politiques bourgeoises et composé exclusivement des élus membres du Parti désignés par leurs Fédérations. Interdiction absolue leur est faite d'appartenir à un autre Groupement politique ou relevant d'un Parti politique quelconque.

Garantie de contrôle que le Parti donne aux électeurs.

Mais en dehors de ces obligations morales, ils ont des obligations matérielles que ne connaissent point et que se refusent de connaître les députés bourgeois. C'est ainsi qu'ils sont tenus de verser une cotisation annuelle, répartie entre le Parti et l'organe qui a fait leurs frais électoraux. Il est même des Fédérations qui, d'accord avec leurs élus, leur imposent des cotisations plus élevées, mais ils n'y sont pas tenus par les Statuts du Parti.

Les Conseillers municipaux de Paris versent également une contribution annuelle au Parti. Si donc nos élus profitent des avantages que la majorité bourgeoise a cru devoir se concéder, on voit que le Parti a su en tirer profit pour la propagande.

Les Permanents

Pour la propagande générale, le Parti a recours à ses élus et à des « Délégués permanents ». Le Délégué permanent, son titre l'indique, est à la disposition du Parti d'un bout de l'année à l'autre, pour visiter les Fédérations et faire les tournées de réunions qu'elles estiment nécessaires à leur recrutement ou simplement à la bonne marche des Groupes qu'elles ont pu mettre debout.

Les Délégués permanents sont nommés par le Congrès, pour une période indéterminée.

Les tournées des Permanents sont en règle générale, de huit jours, quelquefois plus. Les Fédérations font leur demande à la C. A. P., qui leur donne satisfaction au fur et à mesure que les Délégués sont disponibles, sauf, naturellement, le cas d'urgence, par exemple une élection partielle, qui ne saurait attendre.

C'est la Fédération qui organise la tournée du Délégué mis à sa disposition et qui lui fournit toutes les indications utiles pour remplir sa mission au mieux des intérêts du Parti.

La Presse

La Presse est un rouage primordial dans un grand Parti qui doit compter avec l'opinion publique pour se développer. Sous ce rapport, il est évident que le Parti des Travailleurs n'est pas encore à la hauteur des partis bourgeois, mais il serait injuste de méconnaître les efforts qui ont été faits ces dernières années pour doter notre Parti de cette arme indispensable.

C'est ainsi que le *Populaire*, quotidien (à 6 pages) est devenu la propriété du Parti et remplit le rôle d'organe central. A côté de cet organe, où est relatée au jour le jour toute la vie sociale mondiale, et qui ne le cède en rien comme information aux grands organes de la presse capitaliste, le Parti possède, par certaines de ses Fédérations, quatre autres quotidiens: ce sont : Le *Populaire du Centre*, à Limoges ; le *Midi socialiste*, à Toulouse ; la *Presse Libre*, à Strasbourg; le *Républicain de Mulhouse* ; des bi-hebdomadaires comme le *Socialiste Ardennais*, à Charleville-Mézières; le *Petit Limousin*, de Limoges, et quantité d'hebdomadaires (environ 40).

Notre presse est loin d'être en raison de l'importance du mouvement social en France. Sous ce rapport, nous sommes distancés, et de loin, par le Parti frère d'Allemagne qui, lui, compte *quatre-vingt-dix* journaux quotidiens environ, ayant plus de 1 million

500.000 abonnés. Hélas ! en France, on préfère encore lire la presse bourgeoise qui empoisonne, sous prétexte qu'elle est supérieurement outillée, ou même par simple force de l'habitude, et on ne se rend pas compte que cette habitude néfaste empêche le Parti de se doter de cet outillage perfectionné !

Contrôle et Arbitrage

Dans un Parti aussi vivant que le nôtre il est impossible que des heurts ne se produisent point entre militants également acharnés à défendre le point de vue qu'ils croient être le meilleur. C'est pourquoi le Parti a été amené à établir toute une procédure de contrôle et d'arbitrage qui, tout en ayant pour but de maintenir intacte la discipline librement consentie, ainsi que le respect des principes, donne cependant à tous les militants les garanties nécessaires pour la sauvegarde de leurs droits.

Les membres du Parti relèvent individuellement du contrôle de leur Fédération ; les élus parlementaires, en tant qu'élus, et l'ensemble du Groupe, en tant que Groupe, relèvent du contrôle du Conseil National ; la presse relève des deux, selon qu'il s'agit d'un organe national ou départemental.

Dès qu'un conflit éclate entre Membres du Parti, entre Groupes et Sections, le Bureau de la Section ou le Bureau fédéral est saisi selon le cas. Le Bureau concerné décide immédiatement le renvoi à la Commission des conflits. La sentence arbitrale peut être l'avertissement public ou privé, le blâme, la suspension temporaire de toute délégation ou l'exclusion. Pour ces deux dernières sentences, elles ne sont définitives que 30 jours après la décision prise, délai pendant lequel les intéressés peuvent faire appel au Congrès du Parti.

Pour les élus, le contrôle est exercé par le Conseil National, qui prononce, après avis des Fédérations intéressées.

Toute exclusion définitive du Parti est notifiée à toutes les Fédérations du Parti par les soins de la C. A. P.

Comme on le voit, les Militants, Groupes et Elus ont toutes les garanties, mais sont aussi soumis à un contrôle sévère et efficace.

La constitution du nouveau Parti unifié repose donc, comme on vient de le voir, sur la base démocratique.

Depuis la base jusqu'au sommet, la liberté de pensée entière pour tous.

Liberté pour chacun d'avoir son interprétation particulière sur les solutions à apporter aux problèmes qui s'imposent à l'attention du Parti, liberté de l'exprimer par la parole ou par la plume dans le sein du Parti, droit absolu de chercher à le faire prévaloir. Et, pour assurer cette liberté et ce droit, la Représentation proportionnelle dans tous les organismes du Parti assure à toutes les tendances d'esprit la part légitime d'influence à laquelle leur donnent droit les forces respectives dont elles disposent au sein de l'organisation.

Devoir pour tous de s'incliner devant les décisions souveraines des Congrès Nationaux et Internationaux.

Le contrôle est assuré à tous les degrés par une procédure accordant de mutuelles garanties.

Un plan d'études pour l'éducation socialiste

Cet exposé succinct sur l'organisation du Parti serait incomplet si je ne publiais pas un résumé de l'article : *Un plan d'études*, de notre camarade Louis Lévy, secrétaire du Comité national mixte qui s'adressait aux Jeunesses socialistes, pour l'éducation de leurs adhérents et qui s'adresse aussi bien à toutes nos Sections du Parti, pour en tirer le meilleur profit auprès de nos militants.

Un Parti prolétarien ne vaut que par la qualité de ses adhérents : c'est la tâche que s'impose le Parti socialiste. Une forte éducation socialiste a fait que le Parti a pu résister à toutes les tempêtes, à la Guerre et à la scission bolchevique; elle conduira sûrement la classe ouvrière, par son Parti socialiste, à la victoire finale définitive.

Les diverses conférences éducatives à faire aux nouveaux adhérents peuvent être faites dans l'ordre suivant :

I. — Rôle des Jeunesses et du Parti; distinguer le socialisme utopique du socialisme scientifique; brochures recommandées : *Pour devenir socialiste*, de Dispan de Florian ; le *Collectivisme*, de Guesde : le *Communisme et l'Evolution économique*, de Lafargue ; *Idéalisme et Matérialisme*, conférence de Jaurès et Lafargue; les *Deux Méthodes*, conférence de Jaurès et Guesde; *Pour être socialiste*, de Léon Blum; *Anarchisme et Socialisme*, de Plekanoff; *Un peu d'histoire*, de Rappoport, de l'*Encyclopédie socialiste*.

Sur les origines du socialisme, avec les brochures de Zévaès sur l'*Histoire des Partis socialistes*; de *Babœuf à la Commune*, de Chabosseau; l'*Histoire du Socialisme en France*, de Paul-Louis; la *Révolution sociale*, de Rappoport; *Proudhon*, par G. Bourgin; le *Socialisme en France*, d'Hubert-Rouger; les Congrès du Parti, en 2 vol., Léon Blum.

Après l'historique du Socialisme et ses origines, on peut aborder Karl Marx et Fr. Engels, sur leur vie et leur œuvre. On peut consulter : *Manifeste du Parti communiste*; *Critique du Programme de Gotha*; la *Genèse du Capital*; le *Socialisme utopique et Socialisme scientifique* d'Engels; *Misère de la philosophie*; la *Politique internationale du marxisme*, de Longuet; et *Un peu d'Histoire*, de Rappoport.

Pour le matérialisme historique, il faut consulter les conférences de Jaurès et de Lafargue, réunies sous le titre *Idéalisme et Matérialisme dans la conception de l'histoire*.

Pour la théorie de la valeur, le meilleur est d'avoir la bonne édition du *Capital*, publiée chez Costes. A son défaut, le petit abrégé du *Capital*, de Deville, très documenté et facilement compréhensible à tous.

Pour la concentration, outre le tome de l'*Encyclopédie socialiste*, déjà plusieurs fois cité, *Un peu d'histoire*, nous vous signalons divers ouvrages, en particulier celui de Compère-Morel *La Concentration capitaliste* et celui de Vandervelde, *Le Collectivisme et l'Evolution industrielle*.

Une leçon devra être faite sur la Commune, comme suite à l'Histoire du socialisme français. Les ouvrages principaux sont celui de Dubreuilh, dans *L'Histoire Socialiste*, et le petit opuscule de Georges Bourgin, dans *Histoire de la Commune* et *la Commune*, de Louise Michel.

Pour tirer la leçon socialiste de la Commune, rien ne vaut, bien entendu, *L'Histoire de la Guerre civile en France*, de Karl Marx.

Pour en terminer avec l'Histoire du Socialisme français, se référer au volume de Paul-Louis : *Histoire du Socialisme en France*; aux brochures de Zévaès sur *l'Histoire du Parti socialiste en France*, en 12 volumes; aux deux brochures de Blum, sur les Congrès ouvriers de 1876 à 1900; et enfin les Comptes rendus sténographiques des Congrès de 1905 à 1921, en 13 vol. en série et séparés; les Rapports aux Congrès de 1921 à 1927. Des volumes de l'*Encyclopédie socialiste* donneront tous les détails nécessaires.

Sur l'œuvre de nos maîtres, consulter Jean Jaurès : *Discours à la Jeunesse*; l'*Armée Nouvelle*; son *Discours à Toulouse*; pour Guesde: *Le Socialisme au jour le jour; Çà et là; Etat politique et morale de classe; Questions d'hier et d'aujourd'hui; Double réponse à MM. de Mun et Deschanel; Le Collectivisme; Essai de catéchisme socialiste; Le Parti Socialiste et la C. G. T.; L'Avenir est au Socialisme; Les Deux Méthodes*, avec Jaurès.

Une conférence sera consacrée à l'Histoire de l'Internationale en se référant aux volumes de l'*Encyclopédie socialiste*, de Longuet; le *Mouvement socialiste international*; le petit opuscule de l'Eglantine : *Histoire de l'Internationale socialiste*; on aura aussi là, des données sur l'Histoire des différents partis de l'Internationale.

Et enfin, des conférences doivent se faire sur le Socialisme et la Guerre, sur la scission, la formation de la 3e Internationale, sur la Russie et le bolchevisme. On trouvera tous les éléments sur les brochures de Lebas, de Paul Faure, de Kautsky, de Kerensky, d'Adler, etc., éditées par la Librairie Populaire.

D'autres points peuvent être développés sur : *Syndicalisme et Socialisme;* avec le *Parti socialiste et la C.G.T.,* de Guesde et Vaillant ; *Syndicalisme et Socialisme* de Lagardelle, etc. — sur *Socialisme et coopération* avec la *Coopération,* de Poisson; la *Coopérative nouvelle,* la *République coopérative* et *Socialisme et coopérative,* de Poisson. Sur *le Socialisme et les Agriculteurs,* avec les brochures et volumes de Compère-Morel; et enfin, sur *Socialisme et Patriotisme,* avec le *Pays en Guerre* de Boncour; le *Désarmement général et Armée de la défense,* par Mistral et Boncour; la *Nation armée,* de Vandervelde; l'*Armée nouvelle,* de Jaurès.

Une conférence peut être envisagée sur le Féminisme, à l'aide de brochures et volumes : de Louise Saumoneau, *Principe et action féministe sociales ;* de Vierlou, *la Femme et la politique ;* de Suzon, *Socialisme et féminisme, Féminisme et internationalisme ;* de Bebel, *La femme et le socialisme.*

Le Programme du Parti

Le Parti socialiste a élaboré, dès sa fondation, dans ses divers Congrès nationaux, un *Programme général de réformes* qu'il entend pouvoir être mis en application de suite, dans la Société capitaliste, en attendant son avènement au pouvoir.

Ce programme, qui est remanié selon les soubresauts de la société bourgeoise, selon les événements et selon les nouveaux besoins de la classe ouvrière, est divisé en plusieurs catégories, savoir :

Programme général et législatif ;

Programme municipal ;

Programme agricole ;

Programme financier.

Le cadre de cette brochure ne permettant pas de citer en totalité les détails de ces programmes, ce qui est nécessaire, nous invitons les lecteurs à se reporter aux brochures spéciales qui concernent chacun d'eux et éditées par le Libraire du Parti.

L'INTERNATIONALE

La première internationale. — Elle fut fondée à Londres le 28 septembre 1864 et se prolongea jusqu'en 1873. Elle fut déchirée par des luttes intestines d'abord entre les disciples de Proudhon et ceux de Karl Marx, ensuite entre les adeptes du socialisme scientifique de Marx et ceux de l'anarchisme de Bakounine.

Elle avait une Section en France dont le siège était 44, rue des Gravilliers, à Paris, où se réunissait la Section parisienne composée des adhérents de la région, en relations avec les Sections de Caen, Le Havre, Rouen, Amiens, Lyon, Roubaix, St-Etienne, Bordeaux et Marseille.

Après le Congrès de la Haye (1872) l'Internationale se scinda en deux : la fraction de Bakounine et la fraction Marxiste. En 1877-78, l'Internationale était totalement désagrégée.

C'est au Congrès de Paris 1889, que fut reconstituée la seconde Internationale et où furent prises les décisions de fêter le 1er Mai et de manifester en faveur des huit heures.

Puis, eurent lieu les Congrès de Bruxelles 1891, Zurich 1893, Londres 1896, Paris 1900, Amsterdam 1904, Stuttgart 1907, Copenhague 1910 et Bâle 1912 ; ce dernier devait avoir lieu à Vienne en 1913 et fut convoqué par moyens pratiques contre la guerre.

L'Internationale disparut pendant la guerre et ne fut reconstituée qu'au Congrès de Hambourg en 1923. Le 2e Congrès eut lieu à Marseille, en août 1925.

Les principes qui guident l'action de l'I. O. S. ont été formulés par le Congrès de Hambourg, en tête des statuts.

Article premier. — L'Internationale Ouvrière Socialiste (I. O. S.) est constituée par l'union des partis ouvriers socialistes qui reconnaissent dans le remplacement du mode de production capitaliste par le mode de production socialiste le but, et dans la lutte de classe, qui se manifeste dans l'action politique et économique, le moyen d'émancipation de la classe ouvrière.

Art. 2. — L'I. O. S. a pour objet d'unifier l'action des Partis adhérents et de les grouper dans des actions communes. Elle tend à l'unification complète du mouvement ouvrier socialiste international conformément aux principes de ces statuts.

Les Partis réunis dans l'I. O. S. prennent l'engagement de n'appartenir à aucune union politique internationale existant en dehors d'elle.

Art. 3. — L'Internationale Ouvrière Socialiste ne peut être une réalité vivante que dans la mesure où ses décisions dans toutes les questions internationales sont obligatoires pour tous les éléments qui la composent. Toute décision de l'organisation internationale représente donc une limitation volontairement acceptée de l'autonomie des partis de chaque pays.

Art. 4. — L'I. O. S. n'est pas seulement un instrument en vue des tâches de la paix, mais un instrument également indispensable pendant toute la guerre. Dans les conflits entre nations, les partis adhérents reconnaissent, en ce qui les concerne, l'I. O. S. pour instance suprême.

Organisation

Chaque Nation forme une Section qui se prononce sur l'admission de tous les Partis et Organisations des pays où nations concernés. Chaque Section dispose, au Congrès, d'un nombre de voix variant de 2 à 20 et qui est calculé :

a) D'après le nombre de cotisants, en tenant compte du nombre des habitants ;

b) D'après l'importance de la nationalité ;

c) D'après la force de l'Organisation syndicale et Coopérative socialiste ;

d) D'après la puissance politique du Parti socialiste.

Voici quelle est la répartition des voix actuellement en vigueur :

40 voix, Allemagne et Grande-Bretagne ; 25, France; 17, Belgique : 20, Autriche ; 16, Italie ; 13, Suède ; 12, Danemark ; 11, Etats-Unis et Hollande ; 10, Hongrie, etc., etc...

Dans l'intervalle des Congrès, l'Internationale est administrée par un Comité exécutif.

Ce Comité est constitué sur les bases de la représentation des Sections nationales aux Congrès internationaux. Le Comité exécutif choisit dans son sein un Bureau de neuf membres pouvant être convoqué rapidement dans les cas urgents et qui prépare les travaux du Comité.

Enfin, l'organisation internationale se complète d'une Commission interparlementaire, décidée aux Congrès de Londres et de Paris, composée d'un Délégué par nation, qui a pour but d'uniformiser le travail parlementaire socialiste dans tous les pays, et de faciliter une action commune sur les grandes questions politiques et économiques internationales. Les effectifs des partis affiliés à l'Internationale ouvrière socialiste atteignent près de 7 millions de militants.

Les forces Socialistes

Ce que le Parti doit devenir

Tel est ce Parti socialiste tant honni et décrié par ceux qui ont peur pour leurs privilèges, mais tant méconnu aussi, il faut bien le dire, par un grand nombre de Travailleurs encore.

Il est pénible de constater, en effet, qu'en face des formidables organisations socialistes et ouvrières de l'Allemagne et de l'Angleterre — et même de la petite Belgique — nous n'avons qu'un nombre bien restreint d'affiliés. Nous sommes plus de 100.000 au Parti socialiste, quand la Social-Démocratie Allemande atteint près du MILLION, dont 140.000 femmes.

Il en est de même des Jeunesses, qui sont très florissantes en Belgique et en Allemagne, alors qu'elles ne sont qu'à l'état de réorganisation en France.

Il faut multiplier les efforts, car un Parti qui ne progresse pas est un Parti qui recule. Le nôtre progresse trop lentement à notre gré. Je sais bien que la besogne de recrutement n'est pas toujours chose facile et agréable : on essuie des refus, on subit des échecs, et ce qui est pire, il faut bien souvent supporter les railleries de ceux pour l'avenir desquels on se dévoue. Qu'importe, il faut persévérer dans la tâche ingrate.

Ce qu'il faut surtout, c'est gagner la femme à notre cause, la désarmer dans ses préventions contre le groupement, parce qu'il lui prend son mari et qu'il écorne quelque peu le maigre budget familial. Il faut lui représenter que les quelques sous de cotisation versés à l'organisation socialiste lui rapporteront au centuple par les améliorations des conditions sociales de la classe ouvrière, au fur et à mesure que le Parti grandira et qu'il pourra imposer sa volonté aux partis bourgeois (1).

Certes, notre législation sociale est encore bien insuffisante, mais à qui devons-nous le peu que nous avons actuellement si ce n'est à l'action incessante du Parti socialiste, à l'activité de ses élus et de ses propagandistes ? Et que ne pourrions-nous obtenir en surcroît si, comme en Allemagne, nous avions *un million* d'adhérents au Parti, *quatre millions* de suffrages socialistes et 200 élus au Parlement !

A la besogne donc, pour faire de la Section Française de l'Internationale Ouvrière un véritable grand Parti dont les forces de plus en plus agissantes précipiteront l'émancipation des Travailleurs et l'avènement de la République sociale !

(1) Un **Groupe de femmes socialistes** fonctionne dans le Parti, dans la région parisienne ; il a pour Secrétaire notre vaillante camarade Louise Saumoneau.

Table des Matières

IMPRIMERIES RÉUNIES (Société Coopérative), 22, r. de Nemours, Rennes